APRENDE Y DESCUBRE LA CIENCIA®

CIUDADES DE HORMIGAS

Escrito e ilustrado por ARTHUR DORROS

Traducido por Daniel Santacruz

Harper Arco Iris
An Imprint of HarperCollins*Publishers*

La colección Harper Arco Iris ofrece una selección de los títulos más populares de nuestro catálogo. Cada título ha sido cuidadosamente traducido al español para retener no sólo el significado y estilo del texto original sino la belleza del lenguaje. Los primeros libros que aparecerán en esta nueva colección son:

¡Aquí viene el que se poncha!/Kessler
Un árbol es hermoso/Udry • Simont
El conejito andarín/Brown • Hurd
Harold y el lápiz color morado/Johnson
Josefina y la colcha de retazos/Coerr • Degen
Mis cinco sentidos/Aliki
Pan y mermelada para Francisca/Hoban • Hoban
El señor Conejo y el hermoso regalo/Zolotow • Sendak
Se venden gorras/Slobodkina

Esté al tanto de los nuevos libros Harper Arco Iris que publicaremos en el futuro.

La serie *Let's-Read-and-Find-Out Science* fue concebida por el Dr. Franklyn M. Branley, Astrónomo Emérito y Ex-presidente del *American Museum–Hayden Planetarium*. En un tiempo, la serie fue coeditada por el Dr. Branley y por la Dra. Roma Gans, Profesora Emérita de Educación Infantil del *Teachers College* de *Columbia University*. El texto y las ilustraciones de cada uno de los libros de esta serie son cuidadosamente revisados por expertos en la materia.

A IRENE DORROS

Printed in the United States of America. For information address HarperCollins Children's Books, a division of HarperCollins Publishers, 10 East 53rd Street, New York, NY 10022.

Library of Congress Cataloging-in-Publication Data
Dorros, Arthur.
[Ant cities. Spanish]
Ciudades de hormigas / escrito e ilustrado por Arthur Dorros ; traducido por Daniel Santacruz.
p. cm. — (Aprende y descubre la ciencia) "Harper Arco Iris"
Summary: Explains how ants live and work together to build and maintain their cities.
ISBN 0-06-025360-6. — ISBN 0-06-445137-2 (pbk.)
1. Ants—Habitations—Juvenile literature. 2. Ants—Behavior—Juvenile literature. 3. Ants as pets—Juvenile literature. [1. Ants—Habits and behavior. 2. Spanish language materials.] I. Title. II. Series.
[QL568.F7D7518 1995]
595.79'604564—dc20
94-35266
CIP AC

1 2 3 4 5 6 7 8 9 10 ❖ First Spanish Edition, 1995

CIUDADES DE HORMIGAS

¿Has visto las hormigas correr apresuradamente
por un montículo de tierra?
Parece como si corrieran de un lado para otro, sin rumbo fijo.
Pero, verdaderamente, ese montículo lo construyeron
las hormigas como vivienda y cada una de ellas realiza
una tarea.

Algunas hormigas desaparecen
por una abertura pequeña del montículo.
Esa abertura es la entrada al hormiguero.

Éstas son hormigas cosechadoras. Su hormiguero está formado por muchas cámaras y túneles. Estos insectos tan pequeñitos lo construyeron.

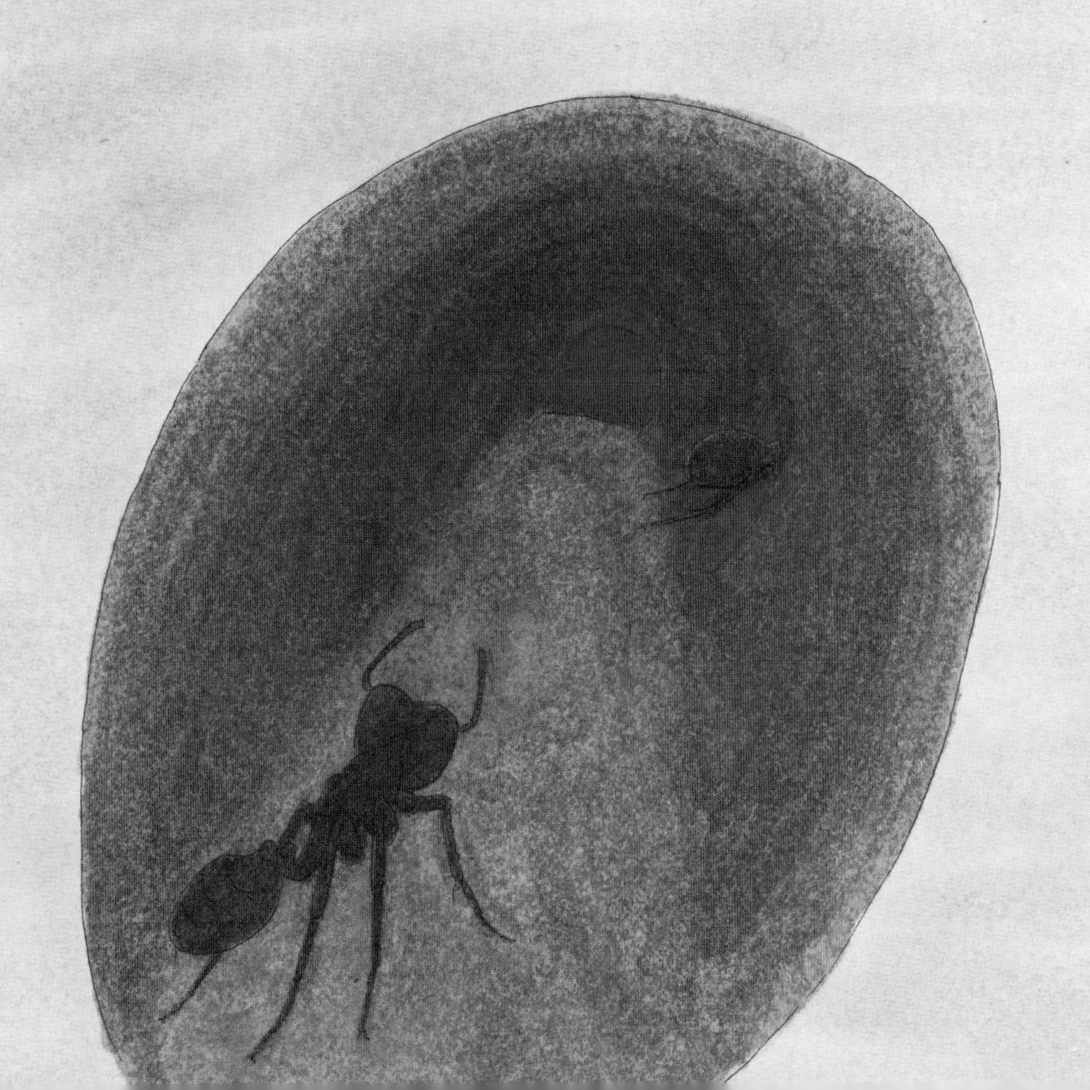

Cuando hace sol,
la superficie del hormiguero
se calienta.

Cuando llueve,
el agua rueda
por el montícul•

Si la superficie del hormiguero
se humedece mucho, las hormigas
se trasladan más abajo.

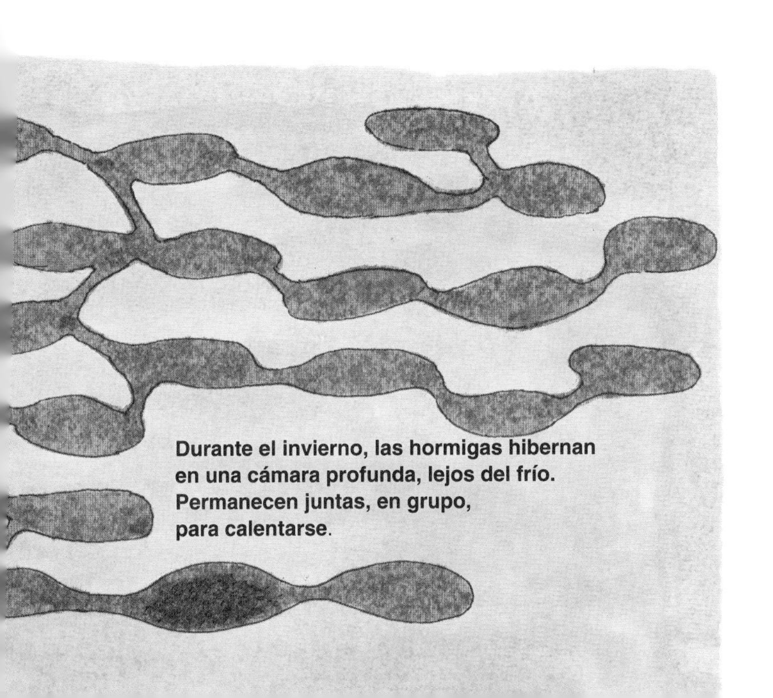

Durante el invierno, las hormigas hibernan en una cámara profunda, lejos del frío. Permanecen juntas, en grupo, para calentarse.

Es posible encontrar millas de túneles y cientos de cámaras bajo tierra.
Miles de patitas de estos insectos han suavizado el suelo.
El hormiguero es oscuro pero acogedor.

En las cámaras del hormiguero, las obreras realizan varias tareas. El hormiguero es como si fuera una ciudad, una ciudad de hormigas muy activa.

Algunas hormigas transportan la comida a la ciudad. A las hormigas cosechadoras les gustan las semillas.

Mientras una hormiga rompe las cáscaras de las semillas, otra las saca y las echa fuera.

Las hormigas trituran las semillas para extraerles el jugo y luego alimentan a las otras hormigas con él.

Otras almacenan las semillas para que les sirvan de alimento en otra ocasión.

No todas las hormigas almacenan comida. Pero las cosechadoras sí lo hacen.

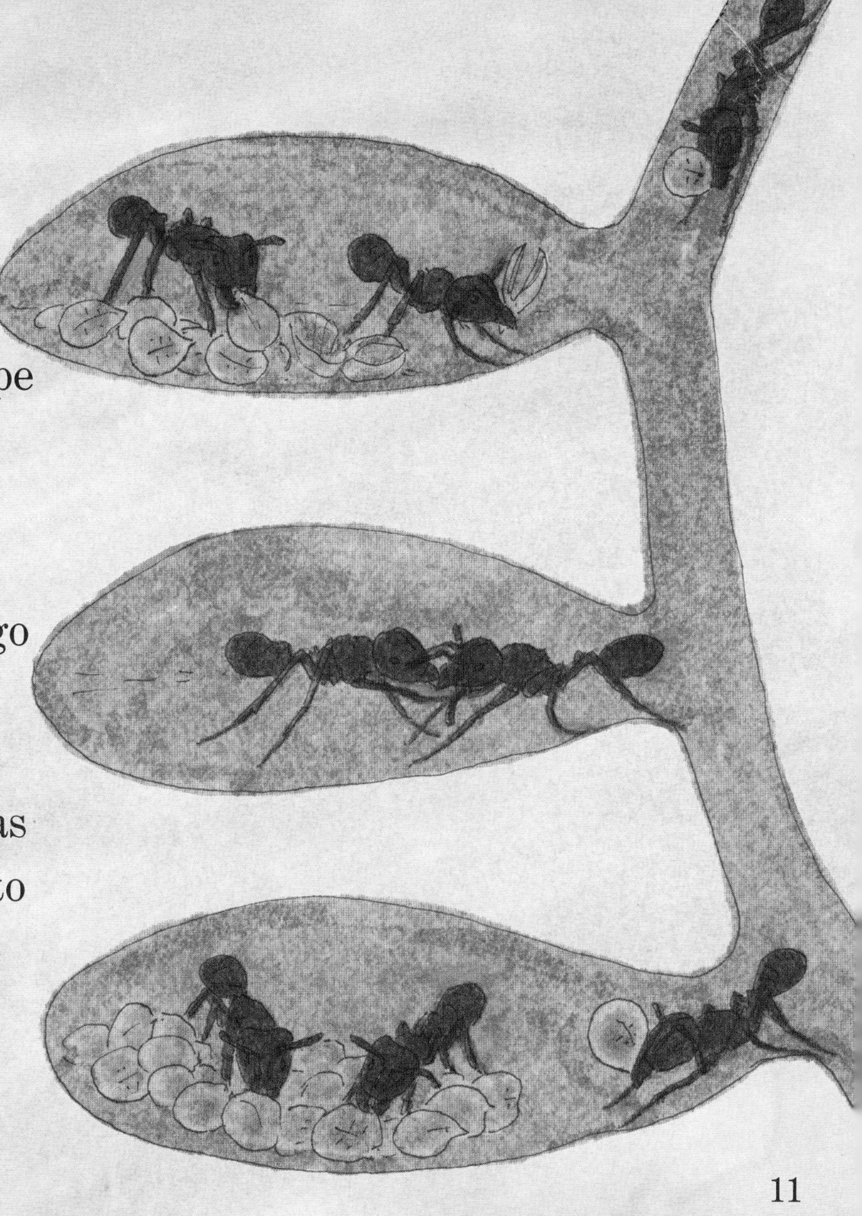

En una cámara del hormiguero, la reina pone huevos. Las obreras trasladan los huevos a otras cámaras para cuidar de ellos.

Cada ciudad debe tener, al menos, una reina. La ciudad no podría existir sin una reina. Todas las hormigas de la ciudad nacen de los huevos que la reina pone.

Al principio, los diminutos huevos se convierten en larvas. Las obreras les dan de comer a las larvas y las lamen para que crezcan saludables.

Luego, las larvas se transforman en ninfas y las obreras cuidan las ninfas hasta que son adultas.

La hormiga reina pone miles y miles de huevos, la mayoría de los cuales se convierten en obreras. Puede haber una sola reina en una ciudad, pero pueden haber miles de obreras.

Reina
Generalmente, la reina es más grande que las otras hormigas. Los huevos que pone se transforman en:

Obreras
Las obreras son hembras. Hacen todo el trabajo en la ciudad y pueden pelear para proteger el hormiguero.

Nuevas Reinas
Las nuevas reinas tienen alas, que les sirven para volar lejos y crear nuevas ciudades. Después que sus alas caen, ponen huevos.

Machos
Los machos no viven mucho tiempo en el hormiguero. Vuelan lejos con las reinas para procrear y luego mueren.

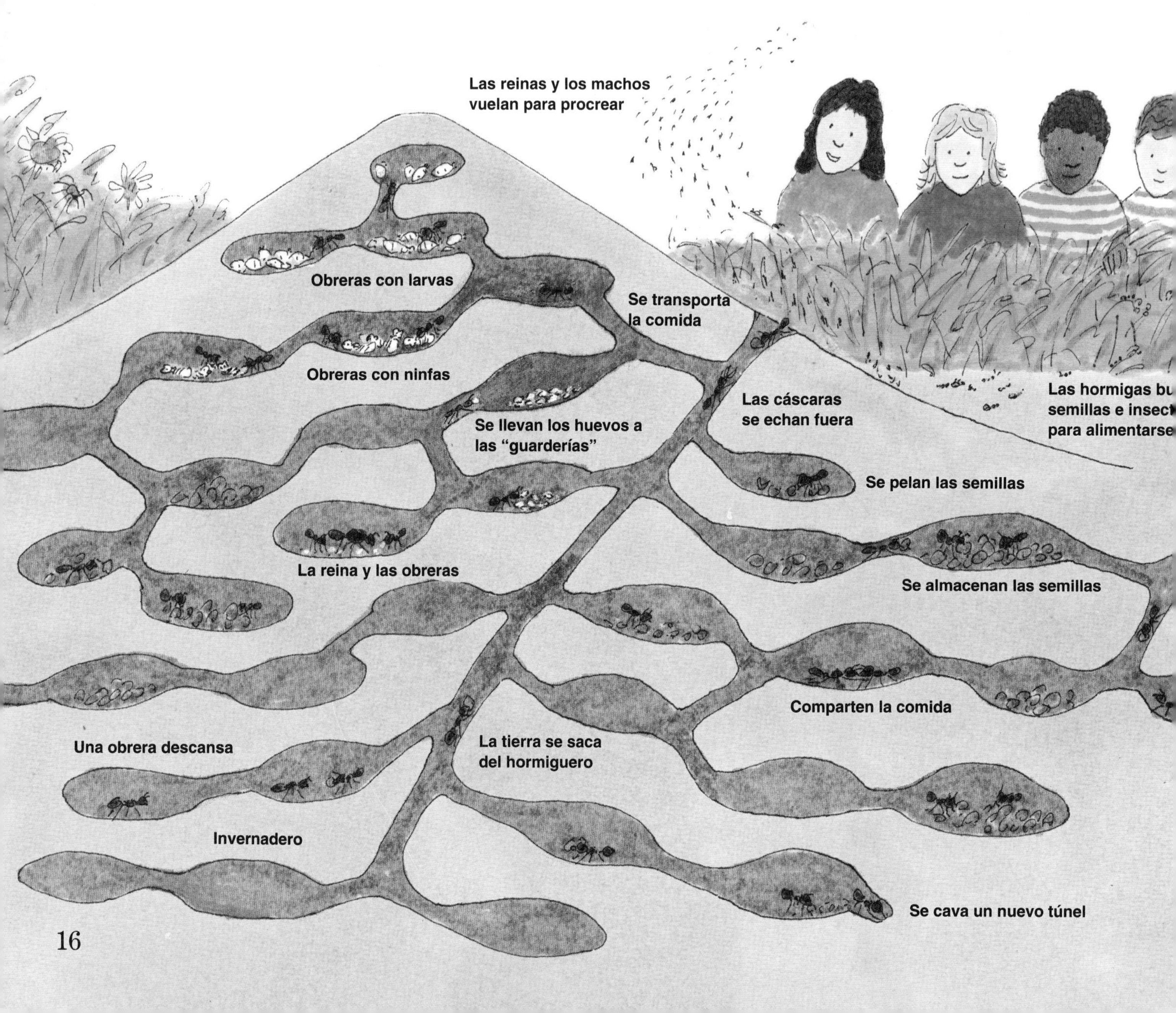
Las reinas y los machos
vuelan para procrear
Obreras con larvas
Se transporta
la comida
Obreras con ninfas
Las cáscaras
se echan fuera
Las hormigas bu
semillas e insec
para alimentarse
Se llevan los huevos a
las "guarderías"
Se pelan las semillas
La reina y las obreras
Se almacenan las semillas
Comparten la comida
Una obrera descansa
La tierra se saca
del hormiguero
Invernadero
Se cava un nuevo túnel

La reina no les indica a las obreras
lo que tienen que hacer.
Pero las obreras se mantienen ocupadas
pues cada una tiene una tarea que realizar.
Las hormigas trabajan juntas para
mantener la ciudad en marcha.

Para ampliar el hormiguero, las obreras cavan nuevas cámaras y túneles con las patas, como si fueran perros diminutos. Las obreras recogen la tierra con sus mandíbulas y "barbas" y la transportan fuera.

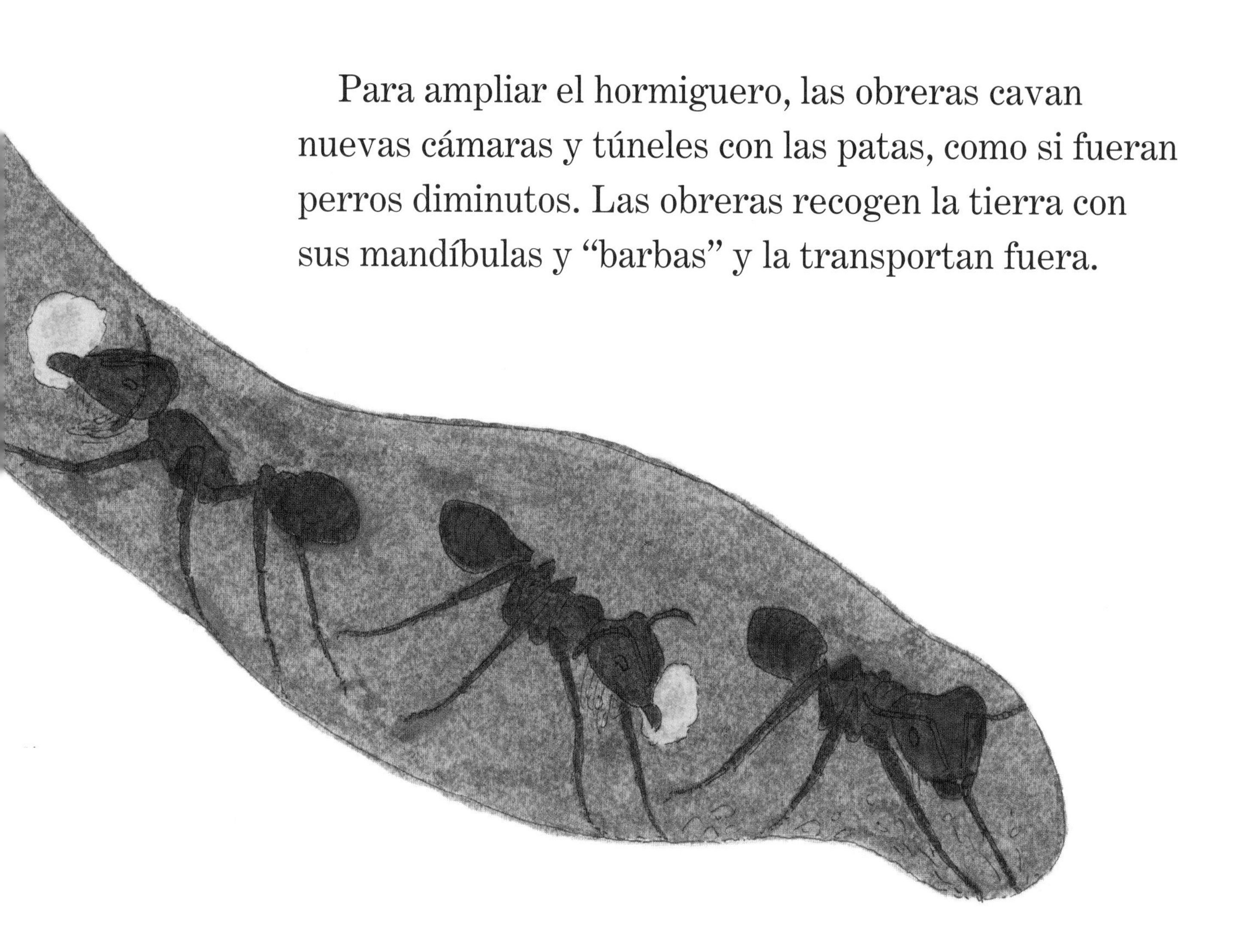

Los montículos de las obreras pueden medir hasta dos pies de alto y seis de ancho. Otras hormigas construyen algunos más pequeños.

El montículo se forma con la tierra que han cavado. Las hormigas son expertas cavadoras y constructoras. ¡Imagínate, la cantidad de tierra que se necesita para construir un montículo de dos pies de alto!

Las obreras buscan comida en los alrededores del montículo de las hormigas cosechadoras. Su alimento consiste principalmente de semillas, pero a veces comen insectos también.

Las hormigas pueden morder y picar a otros insectos para capturarlos o para defenderse. Cuidado: si molestas su hormiguero, algunas hormigas pueden morderte o picarte.

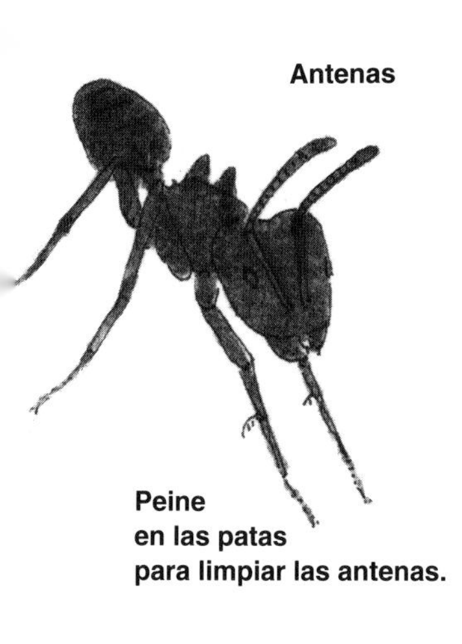

Las hormigas usan sus antenas para buscar comida. También les sirven para tocar y oler.

Si una hormiga encuentra comida, otras la siguen. En pocos momentos aparecerán muchas y cada una se llevará un bocado.

Si una hormiga no puede cargar algo, las otras la ayudarán. Pero las obreras son fuertes. Cada una puede levantar un peso equivalente a cincuenta veces el de su propio cuerpo. ¡Si tuviéramos esa fuerza, podríamos levantar un automóvil!

Las obreras llevan la comida a la ciudad.

Las hormigas comparten la comida que encuentran.

Las hormigas comen diferentes clases de alimento, según la variedad de ellas. Hay más de 10.000 variedades de hormigas.

Las hormigas formícidas se alimentan del jugo que extraen de los insectos que matan.

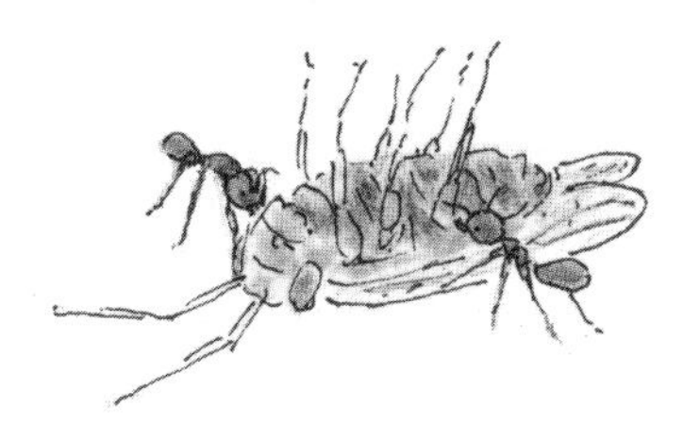

A las hormigas de los maizales les gustan los jugos dulces o los de los áfidos. Los áfidos chupan el jugo de las plantas y las hormigas el de éstos.

A las hormigas carpinteras les gusta el jugo dulce de los insectos y de las plantas.

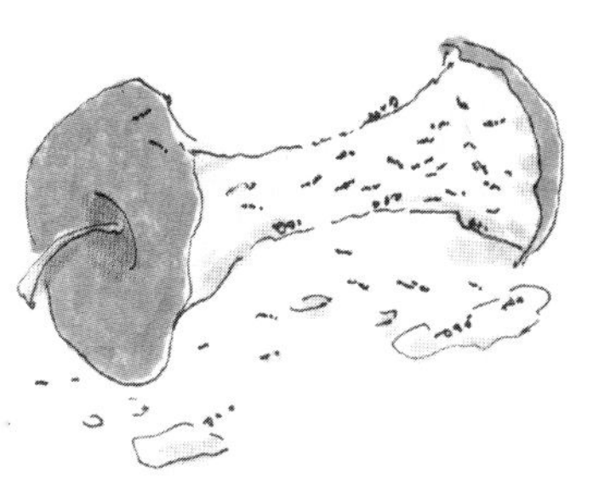

Las hormigas ladronas se alimentan de comida dulce y de otros alimentos que encuentran a su paso.

Las hormigas cortahojas, o parasol, construyen jardines subterráneos con hojas que cortan, y cultivan hongos en los jardines para alimentarse.

Las hormigas legionarias viajan en grandes grupos, como ejércitos, y devoran un gran número de insectos, incluyendo las termitas.

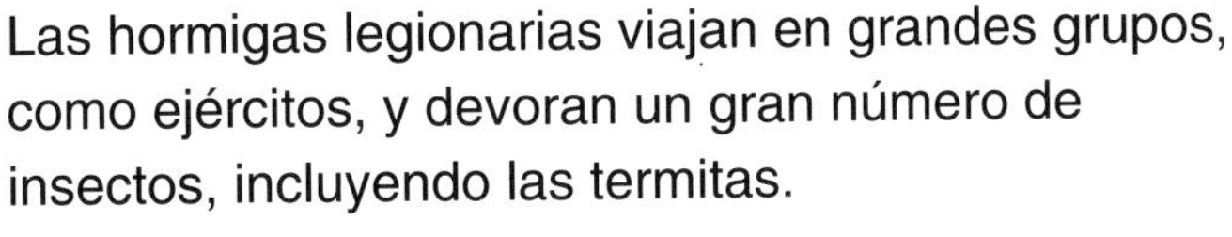

Las diferentes clases de hormigas construyen sus ciudades de diversas maneras, lo que les permite vivir en varios lugares.

Las hormigas porteras hacen sus hormigueros en ramas huecas. Cierta clase de hormigas obreras, que son soldados y porteras a la vez, tienen la cabeza grande, en forma de enchufe, que les sirve para guardar la entrada del hormiguero.

Entrada al hormiguero de las hormigas porteras.

Muchas clases de hormigas construyen hormigueros o pequeños montículos. Si no has visto los hormigueros de las cosechadoras, tal vez habrás visto el de las formícidas, que tienen una cumbre redonda. A veces los cubren con hojarasca.

Las hormigas del pavimento son pequeñitas: miden ⅛ de pulgada. Las cosechadoras miden más o menos ¼ de pulgada. Algunas hormigas llegan a medir hasta 2 pulgadas de largo.

O quizás habrás visto las hormigas del pavimento, que pueden vivir debajo de las aceras.

O las hormigas carpinteras, que construyen sus hormigueros en la madera podrida.

Hay ciudades pequeñas con pocas hormigas y ciudades grandes con muchas, muchas hormigas. Estos insectos pueden vivir en lo más alto de los rascacielos y en barcos, en alta mar.

Las hormigas pueden construir sus ciudades en casi todas partes. Mira a tu alrededor y seguramente encontrarás una ciudad de hormigas con mucha actividad.

Si quieres observar de cerca las hormigas, trata de hacer una colonia. Tú puedes atraparlas, con cuidado. Si quieres que la colonia exista durante mucho tiempo, debes conseguir una reina.

Frasco para atraparlas

Llénalo hasta aquí

Tapa del frasco con agujeros

- Cierne la tierra en el frasco y luego pon las hormigas dentro.
- Coloca un pedazo de esponja húmeda en el frasco para que tengan qué beber. Si pones agua directamente en el frasco, se pueden ahogar.
- Echa un *poco* de comida en el frasco. Demasiada comida o cosas a las que no están acostumbradas no es bueno para ellas. Recuerda: a algunas hormigas les gustan las semillas, a otras los insectos y a otras las cosas dulces. Trata de ver lo que comen cuando las atrapes.
- Ahora tienes tu colonia.
- Mantén la colonia en un lugar oscuro, como si estuvieran debajo de la tierra. Coloca el frasco en un lugar claro para que las puedas observar.

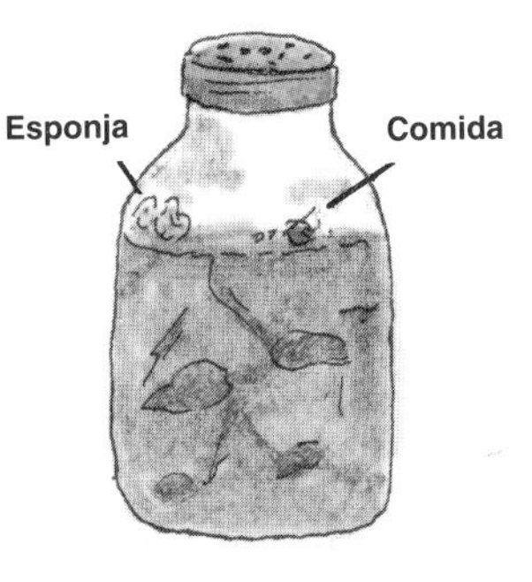

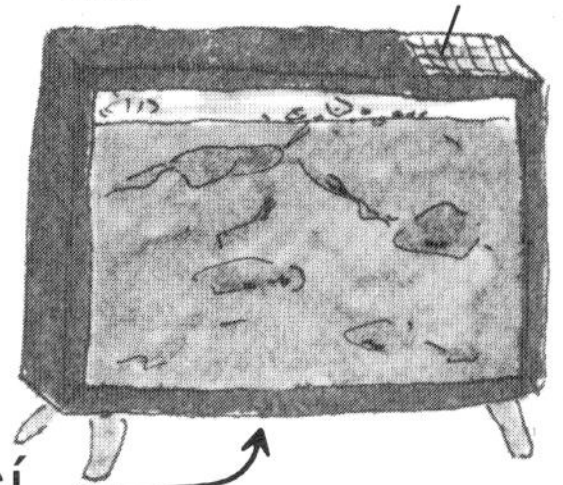

Tal vez quieras hacer o comprar una colonia así.